Home Training - Muskelaufbau für Zuhause

Wie Sie mit gezieltem Krafttraining und optimierter Ernährung ohne Geräte Ihren Wunschkörper erreichen und langfristig motiviert bleiben

Markus Boll

⅄ INHALT

Das erwartet Sie in diesem Buch

Haben auch Sie keine Zeit, Lust oder die nötigen finanziellen Mittel für das Fitnessstudio? Sind Sie genervt von der Anfahrt und der Parkplatzsuche vor dem Studio? Möchten Sie sich lieber von zu Hause aus fit und gesund halten und in Ihren eigenen vier Wänden Muskeln aufbauen? Sind Sie auf der Suche nach wichtigem Hintergrundwissen bezüglich des Muskelaufbaus, der richtigen Ernährung sowie Regeneration? Benötigen Sie ein paar motivierende Worte, um endlich anzufangen? Dann ist dieser Ratgeber genau der richtige für Sie! Lassen Sie sich motivieren und inspirieren und gelangen Sie durch die folgenden Kapitel zu einem neuen Selbstbewusstsein.

Die geistige und körperliche Gesundheit eines jeden Menschen sind die Basis für ein gutes und zufriedenes Leben. Erfahren Sie, wie Sie optimal Trainingsreize setzen und dadurch Muskeln aufbauen und erhalten können. Dieser Ratgeber ist Ihr ultimativer Trainingspartner und wird Ihnen zu einem besseren und tiefgründigen Verständnis verhelfen. Er liefert Ihnen wertvolle und konkrete Tipps, die Sie direkt umsetzen und anwenden können. Er wird Ihnen helfen, zu verstehen, was Sie im Training und bei der Ernährung beachten müssen, um langfristig sichtbare Erfolge zu erzielen. Schritt für Schritt werden Ihnen zudem die besten und effektivsten Übungen erläutert, welche Sie sowohl nur mit Ihrem eigenen Körpergewicht, mit Gewichten oder auch nur mit haushaltsüblichen Utensilien ausführen können.

Muskelaufbau von zu Hause war noch nie so einfach. Machen Sie Schluss mit leeren Versprechungen. Fangen Sie einfach an!

Schluss mit Ausreden

WARUM KÖRPERLICHE
BEWEGUNG SO WICHTIG IST

Das deutsche Online-Portal für Statistik Statista führte im Jahre 2019 eine Umfrage zu den Auswirkungen von Sport auf das Berufsleben der Deutschen durch. Dabei gaben 59 % der berufstätigen Deutschen an, dass sie durch regelmäßige sportliche Betätigung generell positiver in ihrem beruflichen Alltag gestimmt sind. Ferner waren 49 % der Auffassung, dass sie durch den Sport im Berufsalltag belastbarer sind.

Laut einer repräsentativen Umfrage der Splendid Research GmbH, welche im Juni 2017 online erhoben wurde, drückt sich jeder vierte Deutsche vor dem Sport. Bei der Umfrage wurden 1.012 Deutsche im Alter von 18 bis 69 Jahren befragt. Die Ergebnisse zeigten, dass es vor allem die jungen Menschen sind, die sich nicht zum Sport motivieren können und einfach keine Lust haben. Erwähnenswert ist, dass 49 % der Befragten angaben, dass ihre Lieblingssportart das Joggen ist. 47 % nannten das Radfahren, 41 % bevorzugten das Schwimmen und 38 % der Befragten entschieden sich für das Krafttraining als Lieblingssport. Wandern landete bei 30 % der Umfrageteilnehmer auf dem fünften Platz der Lieblingssportarten. Die Umfrage ergab, dass 7 der 10 befragten Deutschen regelmäßig Sport treiben. Bei Männern und Frauen waren die Gründe dafür ähnlich. Sich im eigenen Körper wohlzufühlen und Stress abzubauen, waren dabei die Hauptargumente zum Betreiben von Sport. Des Weiteren ist der Spaßfaktor für die Männer und das Abnehmen für die Frauen ein weiterer wichtiger Faktor. Laut Angaben der Befragten sind Zeitmangel, Verletzungsrisiko, Lustlosigkeit und Vorerkrankungen die Hauptgründe, um keinen Sport zu betreiben.

Aber warum sind Sport und körperliche Aktivität eigentlich so wichtig? Körperliche Aktivität bezieht sich auf jede körperliche Bewegung, die mittels der Skelettmuskulatur produziert wird, wodurch der Energieverbrauch angekurbelt und über den Grundumsatz angehoben wird. Zudem bringt die Ausübung von Sport eine Vielzahl von körperlichen und psychischen Vorteilen mit sich, da Sport sich sowohl auf den Körper als auch auf den Geist und die Seele positiv auswirkt.

Sport stärkt das Immunsystem und das Herz-Kreislauf-System. Körperliche Bewegung bringt den Kreislauf in Schwung, wodurch das Herz schneller pumpen kann. Dies führt zu einem Anstieg des Blutdrucks und zur Vertiefung der Atmung. Weiterhin kräftigt kontinuierliches Ausdauertraining die Herzmuskulatur, womit das Herz in der Lage ist, mit jedem Herzschlag zunehmend Blut in den Körper zu pumpen. Infolgedessen werden die Blutgefäße flexibler und ihr Widerstand nimmt ab. Dadurch verringert sich das Risiko, an Bluthochdruck zu erkranken. Zudem fördert die bessere Durchblutung die geistige Leistungsfähigkeit.

Eine weitere wichtige Wirkung von körperlicher Bewegung ist die Zunahme der Knochenstabilität. Der Körper beginnt nachweislich, ab dem 35. bis 40. Lebensjahr Knochensubstanz abzubauen. Das

Risiko, an Osteoporose zu erkranken, wächst, je mehr die Knochendichte abnimmt. Die Reize, die jedoch im Training gesetzt werden, regen die Bildung von Knochensubstanz an und können dem Verlust von Knochendichte entgegenwirken. Ferner regt Sport die Durchblutung im Körper an und hält so das Gehirn in Bewegung, da es dann mit ausreichend Sauerstoff und Nährstoffen versorgt wird. Demzufolge kann das Gehirn effektiver arbeiten. Sport kann nicht nur eine Fülle an Krankheiten aktiv vorbeugen, sondern auch die Folgen von chronischen Erkrankungen zum Positiven beeinflussen. Ein Beispiel dafür ist Diabetes. Beim Typ 2 Diabetiker verbessern sich beispielsweise die Blutzuckerwerte, da körperliche Aktivität zu einer Erhöhung der Insulinempfindlichkeit führt. Um Diabetes grundlegend vorzubeugen, ist ausreichend Bewegung und das Verbrennen von Energie notwendig. Überschüssige Nahrung wird vom Körper gespeichert. Ab einem bestimmten Zeitpunkt kann der Körper keine weiteren Zuckermoleküle mehr aufnehmen, da die Energietanks in den Muskelzellen voll sind. Können keine weiteren Zuckermoleküle mehr aufgenommen werden, kann dies zu einer chronischen Erhöhung des Blutzuckerspiegels führen.

Im Zusatz wirkt sich Sport zweifellos auf die körperliche Komposition aus. Sport kann dazu beitragen, dass Sie ab- oder zunehmen. Verbrennen Sie mehr Energie (Kalorien), als Sie an einem Tag aufnehmen, verlieren Sie Gewicht und nehmen ab. Nehmen Sie andererseits mehr Energie auf, als Sie an einem Tag verbrennen, nehmen Sie zu. Befolgen Sie alle nötigen Schritte, um Muskeln erfolgreich aufzubauen, sorgt die neu aufgebaute Muskelmasse schließlich dafür, dass Ihr Grundumsatz dauerhaft erhöht ist. Das bedeutet, dass Sie auf Dauer mehr Kalorien zu sich nehmen können und dass Sie selbst im Ruhezustand ordentlich Kalorien verbrennen. Das ultimative Ziel ist es, dass Sie sich in Ihrem Körper wohlfühlen. Sport kann Ihnen dazu verhelfen, ein positives Körpergefühl zu entwickeln und Ihr Selbstbewusstsein zu stärken. Sport ist das ultimative Element, um Ihre psychische Verfassung zu verbessern. Während einer Trainingseinheit setzt der Körper die Glücksgefühle Dopamin und Endorphin frei, welche bei stundenlangen Belastungen sogar zu einer Art Ekstase führen können. Diese Ekstase bezeichnet man dann als "Runner's High". Dieses Hochgefühl lässt Sie die körperliche Anstrengung vergessen und Sie fühlen sich, als könnten Sie ewig weiter trainieren. Dadurch bauen Sie Stress ab und können sogar Angststörungen lindern. Zuletzt sollte nicht vergessen werden, dass regelmäßige körperliche Bewegung Ihre Mortalität verringern kann. Es lässt sich also ganz eindeutig erkennen, dass körperliche Aktivität enorm wichtig ist. Sport ist und bleibt einfach die beste Medizin.

WAS BIETEN DIE EIGENEN VIER WÄNDE?

Ob Sie nun zurzeit viel arbeiten und deshalb keine Zeit finden, um ins Fitnessstudio zu gehen oder ob Sie sich einfach nicht für mehrere Monate vertraglich an ein Fitnessstudio binden möchten. Ob es die landesweit angeordnete Schließung der Studios aufgrund der Corona-Pandemie ist oder weil Sie einfach keine Lust auf die ständige Parkplatzsuche vor dem Fitnessstudio haben. Ein gutes Workout kann man ebenso erfolgreich zu Hause absolvieren und dadurch Muskeln, ganz ohne monatliche Mitgliedsbeiträge, aufbauen.

Vorab sei anzumerken, dass man natürlich

allein mit seinem eigenen Körpergewicht trainieren kann und so seinen Körper gezielt in das Training miteinbeziehen kann. Nichtsdestotrotz ist es hilfreich, sich ein entsprechendes Equipment für zu Hause anzuschaffen. Empfehlenswert sind einige Kurzhanteln, Widerstandsbänder oder Kettlebälle für das Training von zu Hause. Des Weiteren gibt es verschiedene Intensitätstechniken, welche das Training herausfordernder und abwechslungsreicher gestalten. Diese Techniken werden später noch näher beleuchtet.

Falls Sie sich keine Trainingsgeräte anschaffen möchten, ist das selbstverständlich auch kein Problem. Nutzen Sie die Mittel, die Ihnen zur Verfügung stehen. Ein Bett, ein Stuhl oder einen Tisch sollte man bei den meisten zu Hause finden. Der Kauf von Kurzhanteln vereinfacht zwar das Training, ist jedoch nicht zwingend notwendig. Auch aus haushaltsüblichen Gegenständen können Sie sich Ihre Gewichte selbst zusammenstellen. Ein Besenstiel stellt die perfekte Alternative für eine Langhantel dar und kann ganz einfach mit schwer gefüllten Beuteln an beiden Seiten optimiert werden. Ein gefüllter Wäschekorb fungiert ebenso als Gewicht wie ein

Getränkekasten. Ihrer Kreativität sind keine Grenzen gesetzt und nahezu jede Übung lässt sich in den eigenen vier Wänden, zumindest im Ansatz, nachahmen.

SINNVOLLE TRAININGSGERÄTE FÜR ZU HAUSE

Zweifellos können Sie sich auch von zu Hause aus fit und gesund halten, mit Ihrem eigenen Körpergewicht trainieren und dabei Muskulatur aufbauen. Sie sollten jedoch eindringlich darüber nachdenken, sich eine Basisausrüstung an Geräten und Equipment für zu Hause anzuschaffen. Die Geräte sollten dabei eine möglichst breite Palette an Übungen abdecken. Das heißt, dass sie möglichst viele Muskeln ansprechen sollten, wodurch Sie einerseits Platz und andererseits Geld und Zeit sparen. Setzen Sie bei Ihrer Auswahl unbedingt auf Bewährtes und recherchieren und vergleichen Sie im Vorfeld genau. Viele Geräte, die vor allem im TV angepriesen werden, dienen lediglich der Geldmacherei, sind aber nicht wirklich effektiv und zweckdienlich. Im Folgenden finden Sie Empfehlungen für einige Geräte, die Sie im Training voranbringen, unterstützen und welche es Ihnen ermöglichen werden, sichtbare Erfolge zu erzielen.

Kurzhanteln sind ein Muss für Trainierende im Fitnessstudio und zu Hause. Sie sind deshalb so vorteilhaft und nützlich, da man mit ihnen fast alle Muskelgruppen trainieren kann und das Prinzip der progressiven Überlastung hervorragend umsetzbar ist. Nennenswert ist zudem, dass Sie mittels Kurzhanteln Übungen unilateral ausführen können. Unilateral bedeutet einseitig. Unilaterale Ausführungen können Ihnen dabei helfen, Dysbalancen auszugleichen. Kurzhanteln bieten sehr viel für wenig Geld. Sie benötigen weniger Platz als Langhanteln und Maschinen und sind leicht verstaubar. Im Vergleich zu Maschinen ist das Verletzungsrisiko zudem geringer und Kurzhanteln ermöglichen natürlichere Bewegungsabläufe.

Systemhanteln sind eine ideale Wahl für zu Hause, da man bei ihnen das Gewicht, dank eines speziellen Mechanismus, ganz einfach und schnell verstellen kann. Somit hat man praktisch eine ganze Palette an Hanteln zu Hause. Von Nachteil ist eindeutig, dass sie sehr kostspielig sind. Eine günstigere Variante sind variable Kurzhanteln. Sie werden meist in einem Set, bestehend aus zwei Kurzhantelstangen und angemessen vielen Gewichtsscheiben, geliefert. Dadurch sind sie ideal für das Training von zu Hause und die unterschiedlichen Gewichte sind leicht einstellbar. Zudem sorgen die praktischen Verschlüsse für ein sicheres Training. Nachteilig ist, dass das Wechseln der Gewichtsscheiben Zeit kostet. Das sollte Ihnen jedoch nicht den Spaß am Training nehmen. Alternativ oder zusätzlich können Sie sich natürlich auch ein Hantelset mit einer SZ-Stange und mit einer Langhantel anschaffen.

Die zweite große Empfehlung für gutes Trainingsequipment sind **Widerstandsbänder**. Dabei gibt es verschiedene Ausführungen von Bändern. Es gibt lange Bänder, die Pull Up Bänder, welche sich perfekt eignen, um Klimmzüge oder Dips zu üben. Außerdem gibt es die kurzen Loop Bänder, welche besonders für das Beintraining effektiv sind, und es gibt normale Bänder und Tubes. Tubes werden meistens mit weiterem nützlichen Equipment, wie Fußschlaufen und Griffen, geliefert. Widerstandsbänder können entweder Gummibänder aus Latex oder auch aus Stoff sein. Sie decken ein sehr breites Spektrum an Übungen ab, sodass man alle

Muskelgruppen trainieren kann. Ihr Preis-Leistungs-Verhältnis ist unschlagbar, da sie günstig, super effektiv, abwechslungsreich und platzsparend sind. Auch für unterwegs sind die Bänder bestens geeignet. Durch die Benutzung von Widerstandsbändern kontrahiert der Muskel optimal, womit Sie ideale Wachstumsreize setzen. Super praktisch ist zudem, dass man viele verschiedene Widerstände, je nach Verwendung der Bänder, erzeugen kann. Beispielsweise kann man das Band doppelt oder auch vierfach nehmen oder einzelne Bänder kombinieren und so den Widerstand entscheidend erhöhen. Je stärker das Band im Rahmen von physikalischen Grenzen gedehnt wird, umso größer ist der Widerstand und umso schwerer ist die Ausführung für den Muskel. Widerstandsbänder sind unverzichtbar, da sowohl blutige Anfänger als auch erfahrene Profis durch ihre Verwendung neue Trainingsreize setzen können. Außerdem kann das Training mit Gewichten gezielt durch die Bänder ergänzt werden. Perfekt also, um ein effektives und wirksames Ganzkörpertraining zu absolvieren.

Ein weiteres sinnvolles Trainingsgerät für zu Hause ist eine **Klimmzugstange**, da sie günstig und einfach anzubringen ist. Ferner sind **TRX Schlin-gentrainer** gut für zu Hause geeignet, da man sie in wenigen Sekunden überall aufbauen kann und sie für viele Zielgruppen geeignet sind. Zuletzt sollten Sie über die Anschaffung einer Faszienrolle bzw. einer Blackroll nachdenken. **Faszienrollen** sind ideal zur Selbstmassage. Dabei arbeiten Sie mit Ihrem eigenen Körpergewicht und üben Druck auf die zu massierenden Bereiche aus. Faszienrollen dehnen und kräftigen das Bindegewebe und die Muskulatur. Um die Regeneration beanspruchter Muskeln zu beschleunigen, löst die Blackroll gezielt die Verklebungen in Ihren Faszien und löst so Verspannungen und Muskelschmerzen.

Machen Sie sich Gedanken darüber, ob Sie sich Trainingsgeräte für zu Hause anschaffen möchten und falls ja, überlegen Sie sich, welche Geräte für Sie persönlich am besten geeignet und am sinnvollsten sind. Die oben genannten Geräte stellen dabei nur eine Empfehlung dar. Das heißt jedoch nicht, dass andere Trainings-Tools ineffektiv sind. Eine solide Grundausstattung ist ein wichtiger Schritt in die richtige Richtung. Mit dem richtigen Investment können Sie bei minimalem Platzverbrauch sehr effektive und abwechslungsreiche Trainingseinheiten durchführen.

Trainingsgrundlagen

MUSKELAUFBAU

Zum Muskelaufbau kommt es durch das Zusammenspiel der drei wichtigen Komponenten: Training, Ernährung und Regeneration. Sobald einer dieser drei Faktoren vernachlässigt wird, wirkt sich dies auf den Muskelaufbau negativ aus.

Erreicht man durch intensives Training genug Reiz im Muskel, wird dort ein Wachstumsreiz ausgelöst und der Körper verwendet Ressourcen, um diesen Muskel zu stärken. Wachstumsreize können jedoch nur dann ausgelöst werden, wenn adäquates Krafttraining ausgeübt wird. Viele Menschen machen dabei häufig den Fehler, ihre Energie am Anfang des Trainings beim Cardio aufzubrauchen.

Ohne Zweifel ist Ausdauertraining berechtigt und bringt viele körperliche Vorteile mit sich, jedoch benötigt der Körper ausreichend Energie für das Krafttraining. Cardio vor dem Krafttraining braucht jedoch die Energietanks des Körpers auf, wodurch wir im Anschluss nicht mehr genügend Kraft für das Training mit Gewichten haben. Die Voraussetzung für Muskelwachstum ist die progressive Überlastung der Muskulatur. Das bedeutet, dass Sie stets bestrebt sein müssen, stärker als letzte Woche zu sein. Brechen Sie Ihre eigenen Rekorde. Wenn Sie im Training spüren, wie Ihre Muskeln zunehmend brennen und die Übungsausführung immer schwerer fällt, dann bewegen Sie sich in die richtige Richtung. Wichtig ist jedoch, dass Sie zwischen "gutem Schmerz" und "schlechtem Schmerz" unterscheiden können. Das Brennen während der letzten Wiederholungen, wenn sich Ihre Muskeln dem Muskelversagen nähern, ist vertretbar. Entsteht während der Übungsausführung jedoch "schlechter Schmerz", brechen Sie die Ausführung unmittelbar ab, um sich nicht dem Risiko von Verletzungen auszusetzen. Während des Trainings entstehen im Muskel kleine Risse. Um diese Risse zu reparieren und das

Wachstum zu befördern, muss der Muskel ausreichend mit den richtigen Nährstoffen versorgt werden. Am wichtigsten ist dabei die Aufnahme von genügend hochwertigem Eiweiß, welches für den Aufbau und den Erhalt von Muskulatur unabdingbar ist. Die dritte wichtige Komponente für den Muskelaufbau ist die Regeneration, welche leider oft von vielen Menschen unterschätzt wird. Muskeln wachsen irrtümlicherweise nicht während des Trainings, sondern während der Erholung. Die Proteinbiosynthese ist die Neubildung von Proteinen in den Zellen und ist vor allem in den ersten 48 Stunden nach dem Training aktiv und sorgt dann für den Aufbau von Muskelmasse. Grundsätzlich sollte man deshalb auch mindestens 48 Stunden vergehen lassen, bevor man einen Muskel erneut trainiert. Auch gesunder und ausreichender Schlaf steigert das Muskelwachstum, da er die Relation von Muskel- und Fettaufbau optimiert. Zudem wirkt sich Schlaf auf das Immunsystem und die körperliche Leistung aus. Andersherum prägen sich körperliche Aktivitäten positiv auf den Schlaf aus.

Es gibt immer wieder neue Trainingsprogramme mit sehr exotischen Übungen und

Ernährungsplänen. Setzen Sie jedoch unbedingt immer auf die grundlegenden Prinzipien, die Sie im Training und in der Ernährung voranbringen, denn dann kann auch nichts schief gehen.

MUSKELAUFBAUFEHLER

Dass intensives Training für den Muskelaufbau essenziell ist, sollte an dieser Stelle bereits deutlich sein. Muskeln benötigen immer schwerer werdende Belastungen, um Masse aufzubauen. Diesen Vorgang bezeichnet man als **progressive Überlastung**. Progressive Überlastung bedeutet demnach, dass Sie mehr leisten als jemals zuvor. Dadurch wird längerfristig größere Spannung auf den Muskel ausgeübt und der Muskel wird zum Wachstum gezwungen. Dies ist deshalb notwendig, da sich Ihr Körper, aufgrund von Überlebenszwecken, an die veränderten Umweltbedingungen anpasst. Das zu tun, was Sie bislang immer getan haben, führt also nur zu dem, was Sie bereits sind. Nachfolgend finden Sie einige Aufzählungen der geläufigsten Methoden für progressive Überlastung.

Zuerst könnten Sie Ihren Körper einer größeren Belastung aussetzen. Belastung meint, dass Sie mehr

Gewicht für dieselbe Anzahl an Wiederholungen bewegen. Andersherum können Sie auch mehr Wiederholungen mit demselben Gewicht ausüben. Im Kontext von progressiver Überlastung bedeutet Volumen, dass Sie mehrere Sätze mit demselben Gewicht und derselben Wiederholungsanzahl ausführen. Die Range of Motion, kurz ROM, bezeichnet die Bewegungsamplitude der Bewegung bei der Ausübung einer Übung. Würden Sie eine Übung mit größerem Bewegungsumfang ausüben, kann Ihnen dies zugunsten kommen. Eine verbesserte Übungsausführung bei demselben Gewicht und derselben Anzahl hilft ebenfalls dabei, die Muskeln herauszufordern. Darüber hinaus ist die korrekte Übungsausführung mit mehr Leichtigkeit und einer besseren Mind-Muscle-Connection eine bewährte Methode für eine Leistungssteigerung. Die Mind-Muscle-Connection ist eine gezielte Ansteuerung der zu trainierenden Muskulatur. Letztlich sind die Ausführung in kürzerer Zeit oder mit weniger Körpergewicht, beispielsweise nach einer Diät, sowie die Ausführung der Übung nach dem Muskelversagen super Methoden, um progressive Überlastung zu bewirken.

Ziel ist es also, sich kontinuierlich zu steigern und zu verbessern. Untrennbar von Kontinuität sind **Disziplin** und **Beständigkeit**. Sie werden nicht immer motiviert sein und wahrscheinlich häufig mit anderen Dingen als dem Sport beschäftigt sein. Genau dann müssen Sie jedoch diszipliniert sein und ins Training gehen. Denn das ist genau der Moment, der die Entschlossenen vom Durchschnitt abhebt.

Unregelmäßige und mangelhafte **Ernährung** sind ein zusätzlicher Punkt, welcher den Muskelabbau fördert. Um Muskeln aufzubauen, müssen Sie genug essen und vor allem mehr essen, als Ihr Körper am Tag verbrennt. Außerdem benötigt Ihr Körper die richtigen Makro- und Mikronährstoffe, um leistungsfähig zu sein. Auch Supplements als Mahlzeitenersatz anzusehen, ist der falsche Weg zum Erfolg. Supplements sind Nahrungsergänzungsmittel und nicht dafür gedacht, eine vielfältige, ausgewogene und gesunde Ernährung zu ersetzen.

In Bezug auf das Training sollten Sie darauf achten, sich gründlich und ausreichend aufzuwärmen, um Verletzungen vorzubeugen. Durch das **Warm-Up** werden Gelenke und Muskeln ordentlich durchblutet und sind so optimal für die kommende

Belastung vorbereitet. Generell müssen Sie **falsche Übungsausführungen** unbedingt vermeiden, um sich selbst keiner Verletzungsgefahr auszusetzen. Fragen Sie, wenn möglich, erfahrene Sportler oder Personaltrainer und schauen Sie sich Videos im Internet an. Inzwischen gibt es eine Vielzahl an erfahrenen Sportlern, die ihr Wissen im Internet, in Form von Artikeln oder auch Videos, weitergeben. Zuletzt sollten Sie **Übertraining** vermeiden. Ihr Körper benötigt **Ruhe** und Erholung und Muskeln wachsen, entgegen zahlreicher Annahmen, nicht während des Trainings, sondern während der Ruhephase. Diesen Fehler begehen häufig gerade Trainingsanfänger.

MUSKELERHALT

Der Körper baut Muskeln auf, wenn er konstant wirksamer körperlicher Arbeit ausgesetzt ist, da dadurch Muskelreiz entsteht. Sobald der Muskel beansprucht und gefordert wird, wächst er. Diesen Vorgang bezeichnet man als **Hypertrophie**. Je mehr ein Muskel dem Wachstum ausgesetzt wurde, desto mehr Energie benötigt und verbraucht er in Arbeits- und in Ruhephasen. Das bedeutet, dass der Gesamtenergiebedarf des Körpers mit zunehmender

Muskelmasse ansteigt. Wenn jetzt beim Training jedoch nicht mehr ausreichend Reize gesetzt werden und somit die Muskulatur nicht mehr ausreichend beansprucht wird, setzen destruktive Reize ein. Der Körper geht in einen katabolen Zustand über und baut körpereigene Substanzen ab. Er entzieht den Muskeln Nährstoffe, um wieder Energie zu gewinnen. Aus diesem Grund ist es wichtig, darauf zu achten, dass Sie Ihre Muskeln konstant intensiven Reizen aussetzen.

Einige weitere Faktoren für den Abbau von Muskulatur sind, neben dem fehlenden Reiz im Training, ein Kaloriendefizit, Übertraining, zu wenig Schlaf und Regeneration oder Alkohol.

Sie müssen genug essen. Das bedeutet, dass Sie sich, um Muskeln aufzubauen, im **Kalorienüberschuss** befinden müssen. Durch den Überschuss an Kalorien stellen Sie Ihrem Körper genügend Energie zur Verfügung, um Muskeln zu erhalten, sich vor dem Muskelabbau zu schützen und ferner Muskeln aufzubauen. Voraussetzung dabei ist wieder das gezielte Training der Muskeln, da sich sonst, bei Kalorienüberschuss, zusätzlich Fett ansetzt. Reduzieren oder minimieren Sie sogar während der

Muskelaufbauphase Ihr Cardio, da ein zu hohes Kaloriendefizit zum Verbrennen von Muskulatur führt.

Dass sich **Alkohol** negativ auf den Muskelaufbau auswirkt, sollte auch bekannt sein. Diese Aussage konnte in der Vergangenheit vermehrt durch zahlreiche wissenschaftliche Studien belegt werden. Bei Alkoholkonsum konzentriert sich Ihr Körper zuerst darauf, diesen wieder abzubauen, da er Gift für den Körper ist. Beim Alkoholabbau verbraucht der Körper wichtige Nährstoffe, welche dann nicht mehr optimal genutzt werden können. Diese sollte der Körper eigentlich verwenden, um Muskelmasse aufzubauen. Alkohol bringt den Hormonhaushalt durcheinander und entzieht Körper und Muskulatur das Wasser. Die Aufnahme von Alkohol führt zum Anstieg des Cortisol-Spiegels, ein Stresshormon, und senkt zusätzlich den Testosteronspiegel. Cortisol und Testosteron sind zwei der wichtigsten Hormone im Kontext von Muskelaufbau und Muskelabbau. In Verbindung mit Alkohol signalisieren sie dem Körper: Muskelabbau. Zuletzt sei anzumerken, dass sich Alkohol erkennbar auf unsere Stimmung und unsere Psyche auswirkt. Die folgenreichsten Auswirkungen dabei sind die fehlende Motivation fürs Training und die niedrigere Intensität während des Trainings. Wichtig auch hierbei ist, alles in Maßen zu genießen. 1 bis 2 Gläser Wein in der Woche werden Ihren Fortschritt natürlich nicht entscheidend hindern.

Eine weitere wichtige Komponente beim Muskelabbau ist die unzureichende Aufnahme von **Proteinen**. Ernähren Sie sich proteinreich, da Eiweiß der elementare Baustein für den Aufbau von Muskelmasse ist.

Zuletzt sollten Sie auch immer darauf achten, **Stress** zu vermeiden. Stress beeinflusst die persönliche Stimmung sowie die Trainingseffektivität. Ineffektives Training führt folglich dazu, dass die Muskeln nicht mehr optimal belastet werden und somit nur noch schwachen Reizen ausgesetzt werden. Je mehr Stress Sie erfahren, desto mehr Cortisol schüttet Ihr Körper aus. Das Hormon Cortisol ist der Gegenspieler zum Testosteron, welches eine anabole, also eine muskelaufbauende, Wirkung hat.

MUSKELKATER

Muskelkater ist ein unangenehmer Schmerz, der nach einer hohen und ungewohnten Belastung der betroffenen Muskelpartien auftritt. Die Ursache für Muskelkater sind kleine Risse und Verletzungen, welche direkt im Muskelgewebe auftreten. Er entsteht verlangsamt und tritt erst 12 bis 48 Stunden nach dem Training auf. Dieses Hinauszögern ist bedingt durch mehrere Faktoren wie: Alter, Trainingsintensität und Trainingsvolumen, die persönliche Fitness und die einzelnen Übungen, die für die jeweiligen Muskeln ausgeführt wurden. Irrtümlicherweise glauben viele Menschen, dass man Muskelkater zum Muskelaufbau braucht. Diese Annahme ist falsch. Muskelaufbau funktioniert hervorragend ohne Muskelkater. Andersherum bedeutet Muskelkater dementsprechend auch nicht direkt Muskelaufbau, sondern nur, dass der Körper einer ungewohnten Belastung ausgesetzt wurde. In Abhängigkeit von der Stärke des Muskelkaters sollten Sie entscheiden, ob Ihr Körper bereits für die nächste Trainingseinheit bereit ist. Es ist vollkommen legitim, trotz Muskelkater zu trainieren, insofern Sie die Übungen mit sauberer Form und voller

Bewegungsamplitude ausführen können. Bemerken Sie jedoch, ist dies nicht der Fall, sollten Sie einen Ruhetag einlegen. Gönnen Sie Ihrer Muskulatur nämlich nicht ausreichend Ruhe, kann diese nicht ordentlich regenerieren und Verletzungen oder Krankheiten sind die Folge.

BODYWEIGHT TRAINING

Körpergewichtstraining ist eine Trainingsform des Krafttrainings, bei dem lediglich das eigene Körpergewicht genutzt und auf Hanteln oder Maschinen verzichtet wird. Der Muskel arbeitet demnach gegen den Widerstand, der vom eigenen Körpergewicht ausgeht. Bodyweight Training bietet viele Vorteile. Es lässt sich überall und zu jeder Zeit flexibel und abwechslungsreich durchführen. Man benötigt kein Equipment und spart dabei Geld. Das Training kann sehr kreativ gestaltet werden und man kann sehr gut experimentieren. Das bedeutet, dass Sie beispielsweise die Wiederholungsanzahl oder das Tempo variieren und je nach Bedarf auch die Intensität steigern können. Viele Bodyweight Übungen sind zudem funktionell, wodurch ein geringeres Verletzungsrisiko besteht, da die Bewegungen Ähnlich-

keiten zu alltäglichen Bewegungsmustern aufwei-
sen.

BODYWEIGHT TRAINING UND HANTELTRAINING IM VERGLEICH

Wie effektiv ist das Training mit dem eigenen Körpergewicht im Vergleich zum Hanteltraining? Allgemein lässt sich sagen, dass das Training mit Hanteln
effektiver ist, da der Spielraum nach oben größer ist.
Krafttraining stärkt mehr als nur die Muskeln. Die
Muskeln bewegen die Sehnen und diese wiederum
bewegen dann die Knochen, welche im Endeffekt
wieder die Muskeln stärken. Beim Gewichtstraining
ist es leichter, den Widerstand schrittweise zu erhöhen und so immer wieder erneut die nötigen Trainingsreize zu setzen. Gewichtssteigerung bedeutet
zudem, dass Sie genau wissen, dass Sie sich im Training gesteigert haben. Eine saubere Ausführung der
Übungen ist sowohl mit als auch ohne Gewicht essenziell. Es ist jedoch aufwendiger, Übungen zu finden, welche eine ähnlich starke Belastung auf den
Muskel ausüben, wie es eine Übung mit Gewicht tun
würde. Im Zusatz erreichen Sie beim Training mit
dem eigenen Körpergewicht schnell ein Plateau,

welches nur schwer zu überwinden ist. Oft können Muskelgruppen durch einfaches Körpergewichtstraining nicht ausreichend gefördert werden Dadurch bleibt das Muskelwachstum aus. Dies könnte zum Beispiel beim Beintraining der Fall sein, da die Beine zu den stärksten Muskeln des Körpers gehören. Bodyweight Training setzt also vor allem eins voraus: Geduld. Sie werden wesentlich mehr Zeit als beim Hanteltraining benötigen, um sichtbare Erfolge zu verzeichnen. Das bedeutet jedoch keinesfalls, dass Sie das Training mit dem eigenen Körpergewicht nicht an Ihr Ziel führen wird. Es bedeutet lediglich, dass der Weg zum Ziel länger sein kann. Definitiv können Sie ohne Hanteln und Maschinen erfolgreich und nachhaltig Muskelmasse aufbauen. Wahrscheinlich ist nur, dass Sie dabei etwas geduldiger sein müssen.

TRAININGSVARIABLEN

Zu Beginn dieses Abschnittes soll angemerkt werden, dass es unterschiedliche Kraftarten im Kraftsport gibt, welche sich primär durch unterschiedliche Wiederholungsbereiche unterscheiden. Pauschale Antworten für den optimalen

Wiederholungsbereich gibt es nicht. Die Wiederholungsanzahl steht dabei in Abhängigkeit vom Trainingsziel.

Die **Maximalkraft** ist definiert als die größtmögliche Kraft, die willkürlich vom neuromuskulären System gegen einen Widerstand ausgeübt werden kann. Maximalkraft wird immer dann benötigt, wenn man sehr schwere Lasten bzw. Gewichte bewegen möchte. Sie ist die Grundlage für die anderen beiden Kraftformen: Die Schnellkraft und die Kraftausdauer. Die Maximalkraft sollte in einem Wiederholungsbereich von 1 - 5 Wiederholungen trainiert werden.

Die **Schnellkraft** kann innerhalb einer kurzen Zeit einen maximalen Kraftstoß erzeugen. Sie wird immer dann angewendet, wenn Sportler umgehend intensive Leistungen abrufen müssen. Dies ist beispielsweise beim Sprinten oder beim Schwimmen der Fall. Die Schnellkraft sollte mit 8 - 12 Wiederholungen trainiert werden.

Die **Kraftausdauer** beschreibt, wie widerstandsfähig der Muskel bei andauernden Leistungen gegen eine Ermüdung ist. Mit dem Kraftausdauertraining wird demnach die Fähigkeit der Muskeln trainiert, über lange Zeit eine vorzugsweise hohe Leistung zu erbringen. Die Wiederholungsanzahl ist sehr hoch und befindet sich im Bereich von 12 - 25 Wiederholungen. Demnach verwendet man beim Kraftausdauertraining auch weniger Gewicht.

Beim Muskelaufbautraining ist **progressive Überlastung** das A und O für einen erfolgreichen und nachhaltigen Muskelaufbau. Dabei gibt es jedoch auch noch andere Variablen, die bei der Gestaltung eines Masseaufbauplans berücksichtigt werden sollten. Maßgebliche Faktoren für das Muskelaufbautraining sind das Trainingsvolumen, die Intensität und die Trainingsfrequenz.

Das **Trainingsvolumen** ist die Summe aus Wiederholungen und Sätzen. Es ist definiert als die ausgeübten Belastungen auf einen Muskel im Training. In einigen Fällen ist ebenfalls das Trainingsgewicht einer Übung entscheidend für das Trainingsvolumen. Empirische Studien behaupten, dass Sportler mit einem Volumen von 40 - 70 Wiederholungen pro Muskel und Trainingseinheit am erfolgreichsten Muskeln aufbauen können. Die Zunahme von Muskelmasse und Kraft steigt mit wachsendem Trainingsvolumen an. Konstantes Training mit zu hohem

Trainingsvolumen wirkt sich nachteilig aus und kann zu Übertraining führen. Das Trainingsvolumen ist vor allem von den unterschiedlichen Muskelgruppen abhängig. Große Muskelgruppen können mehr Reizen ausgesetzt werden und benötigen mehr Übungen als kleine. Als Richtwert können Sie sich an 3 - 4 Sätzen pro Übung orientieren. Dies gilt für den Muskelaufbau als ideal. Studien zufolge wirkt sich eine höhere Satzanzahl positiv auf die Hypertrophie aus und erzielt mehr Erfolge als Trainingseinheiten mit nur jeweils einem Satz pro Muskelgruppe. Zuletzt muss angemerkt werden, dass das Trainingsvolumen durch die Trainingsintensität beeinflusst wird. Die **Trainingsintensität** definiert die Intensität des Trainings bzw. des einwirkenden Trainingsreizes. Trainieren Sie mit einer hohen Intensität von mehr als 85 %, ist ein niedrigeres Trainingsvolumen von etwa 40 Wiederholungen ausreichend. Falls Sie mit einer niedrigeren Intensität trainieren und Ihr Trainingsvolumen erhöhen möchten, bietet es sich an, die **Trainingsfrequenz** zu steigern. Die Trainingsfrequenz beschreibt die Anzahl der Trainingseinheiten pro Woche. Sie beschreibt außerdem, wie oft ein einzelner Muskel oder eine Muskelgruppe pro Woche trainiert wird. Erhöhen Sie Ihre Trainingsfrequenz, erhöhen Sie in der Regel auch die Trainingslast, die Sie insgesamt bewältigen.

Im Endeffekt wird also ersichtlich, dass mehrere Faktoren Einfluss darauf haben, wie oft jede Muskelgruppe pro Woche trainiert werden sollte. Trainingsvolumen, Trainingsintensität und Trainingsfrequenz sind dabei wichtige Faktoren, die zusätzlich durch eine ausgewogene Ernährung und ausreichende Regeneration abgerundet werden.

TRAININGSPLANVARIANTEN

Wie oft sollte man denn jetzt aber trainieren und wie viele Wiederholungen, welche Satzanzahl und welche Trainingsintensität sind am besten? Die Meinungen darüber gehen ganz klar auseinander. Die richtige Antwort auf diese Frage existiert nicht, da Training immer individuell auf den Sportler angepasst werden muss. In diesem Abschnitt finden Sie daher einige Vorschläge und hilfreiche Tipps, um Ihren persönlichen Trainingsplan zu gestalten.

Trainingsplanvariante Nummer 1 ist ein **Ganzkörpertraining**, welches 3 - 4 Mal die Woche absolviert wird. Die Trainingsdauer beträgt 45 - 60

Minuten und die Pause zwischen den einzelnen Sätzen 60 - 90 Sekunden. Bei dieser Trainingsplanvariante könnten Sie beispielsweise die folgenden Übungen ausführen: Kniebeugen, Liegestütze, Rudern, Dips und Unterarmstütz. Orientieren Sie sich dabei an einer Wiederholungsspanne von 5 - 30 Wiederholungen (je nach Gewicht) bzw. 20 - 50 Sekunden.

Die Rahmenbedingungen von Trainingsplanvariante Nummer 2 sind ein **2er-Split**. Das bedeutet, dass Sie Ihren Körper dabei in zwei Partien unterteilen. Beispielhaft für eine solche Unterteilung sind Oberkörper und Unterkörper. Durch diesen Trainingsplan können Sie mehr Wachstumsreize pro Woche setzen, da Sie den jeweiligen Muskel öfter trainieren als beim Ganzkörpertraining. Sollten Sie sich an einem 2er-Split orientieren, planen Sie 3 - 4 Tage Training pro Woche ein. Eine Trainingseinheit sollte dabei um die 60 Minuten dauern. Die Satzpausen liegen bei 60 - 90 Sekunden. Trennen Sie Ihr Training in Oberkörper und Unterkörper, könnten Ihre Trainingstage wie folgt aussehen: An Tag A trainieren Sie Oberkörper und führen dabei Übungen für Brust, Rücken, Schultern und Arme aus. An Tag B trainieren Sie Unterkörper und konzentrieren sich dabei auf Beine, Po und Waden. Sollten Sie im Vorfeld bereits ein Ganzkörpertraining über mehrere Monate hinweg absolviert haben, können Sie die Wiederholungsanzahl ruhig vermindern und, wenn möglich, das Gewicht erhöhen.

Eines der gängigsten Trainingsysteme ist Trainingsplanvariante Nummer 3, der **3er-Split**. Der 3er-Split unterteilt die zu trainierenden Muskeln in drei sinnvolle Gruppen, welche an drei verschiedenen Tagen intensiv trainiert werden. Training in der 3er-Split Variante ist anspruchsvoller, da Sie Ihre Muskeln spezifischer trainieren. Dadurch integrieren Sie in Ihren Trainingsplan Vielseitigkeit und Abwechslung und haben genug Zeit, um ausreichend zu regenerieren. Deshalb ist diese Variante auch das perfekte Verhältnis aus Volumen und Regeneration. Führen Sie pro Übung rund 4 - 5 Sätze durch und halten sich dabei in einem Wiederholungsumfang von 6 - 12 Wiederholungen auf.

Eine beliebte Einteilung dabei ist die Variante von **Push/Pull/Beine**. Push Training meint dabei all die Muskeln, welche für eine Drückbewegung zuständig sind. Dies umfasst die Brust, die vordere und seitliche Schulter und den Trizeps. Beim Pull

Training werden dann alle Muskelgruppen trainiert, durch die eine Ziehbewegung ausgeführt wird. Das sind der Rücken, der Bizeps, der Trapez und die hintere Schulter. Das Beintraining ist selbsterklärend. Hier trainieren Sie die komplette Beinmuskulatur. Theoretisch wäre es möglich, auch die Beinmuskulatur aufzuteilen, da beispielsweise das Wadentraining durch Drückbewegungen ausgeführt wird. Die Beine umfassen jedoch so viele große Muskelpartien, dass es sinnvoll ist, diese separat zu trainieren.

Folgende Variante stellt eine weitere mögliche Kombination für ein 3er-Split Training dar: Brust und Arme, Rücken und Schultern, Beine und Bauch. Unter anderem sinnvoll wäre auch: Brust und Schultern und Trizeps, Rücken und Bizeps und Bauch, Beine und Po. Idealerweise machen Sie nach jedem Trainingstag einen Tag Pause. Pausentage eignen sich bestens für leichtes Cardiotraining. Achten Sie auch bei einem 3er-Split stets auf das muskelspezifische Aufwärmen. Führen Sie Grundübungen zuerst aus und beanspruchen Sie größere Muskelgruppen mehr als die kleinen, da diese sowieso als Hilfsmuskeln in den Grundübungen fungieren.

Wichtig ist, dass Sie eine Trainingsplanvariante

finden, die optimal für Sie persönlich ist. Jeder Mensch hat unterschiedliche Präferenzen und benötigt eine unterschiedliche Anzahl an Ruhetagen. Finden Sie Ihren persönlichen Rhythmus von Tagen, an denen Sie trainieren möchten, und Tagen, an denen Sie besser eine Pause machen. Ein weiterer wichtiger Faktor ist, dass Sie Spaß haben.

INTENSITÄTSTECHNIKEN

Intensitätstechniken werden häufig von erfahrenen Sportlern im eigenen Trainingskonzept integriert, um optimales und maximales Muskelwachstum zu befördern und das Training abwechslungsreich zu gestalten. Sie eignen sich bestens, um Plateaus zu überwinden, welche durch jahrelanges Training entstehen können. Setzen Sportler ihre Muskeln zu unterschwelligen und eintönigen Reizen aus und fördern sie diese nicht mehr ausreichend, schreitet der Muskelaufbau nicht weiter voran. Intensitätstechniken werden also angewendet, um die Muskeln zu schocken und sie ungewohnten und starken Belastungen auszusetzen. Denn neue Reize zwingen die Muskulatur zum Wachstum. Intensitätstechniken sind jedoch nur für fortgeschrittene Sportler mit viel

Erfahrung und gutem Körpergefühl ratsam. Die Verletzungsgefahr ist wesentlich höher als beim Training ohne diese Techniken. Sie sind für den Körper sehr anstrengend, da sie Nervensystem und Muskulatur überaus beanspruchen. Einige der meistgenutzten Techniken sollen hier näher erläutert werden.

Der **Dropsatz bzw. Reduktionssatz** ist eine sehr geehrte Technik. Dabei führen Sie eine Übung bis zum konzentrischen Muskelversagen aus, sodass Sie keine weitere Wiederholung mit sauberer Technik schaffen würden. Anschließend verringern Sie das Gewicht und führen dieselbe Übung erneut aus. Ein Dropsatz bietet eine sehr hohe Trainingsintensität, bedarf jedoch keinem Trainingspartner. Zudem besteht ein niedriges Verletzungsrisiko, da Sie mit der Übungsausführung bereits vertraut sind und das Trainingsgewicht beherrschen.

Ein **Supersatz** ist die Aneinanderreihung zweier Übungen ohne Pause, wodurch Sie Ihren Muskel maximaler Belastung aussetzen. Dabei können Sie zwei Übungen hintereinander ausführen, welche entweder ein und dieselbe Muskulatur trainieren oder Sie führen einen **Antagonisten-**

Supersatz durch. Das bedeutet, dass Sie bei der zweiten Übung den Gegenspieler der ersten Übung trainieren. Ein Antagonisten-Supersatz im Beintraining wäre folglich also: Beinstrecker (Oberschenkelmuskel) und Beinbeuger (Beinrückseite). Diese Trainingstechnik bietet sich vor allem dann an, wenn Sie im Training Zeit sparen müssen.

Bei **Pyramidensätzen** erhöhen Sie das Gewicht bei ein und derselben Übung stetig. Im Gegensatz zum Gewicht reduzieren Sie dabei jedoch die Wiederholungsanzahl von Satz zu Satz. Effektivität ist hierbei dadurch gegeben, dass die arbeitenden Muskeln mehr und mehr leisten müssen, da sie mehr Gewicht bewegen müssen.

Bei **Negativwiederholungen** werden die Wiederholungen eines Satzes betont, die in der exzentrischen (nachgebenden) Phase ausgeführt werden. Beim Training bis zum **Muskelversagen** führen Sie eine Übung im letzten Satz bis zum absoluten Muskelversagen aus. Ferner stellen **kurze Pausenzeiten** zwischen den einzelnen Sätzen Intensitätstechniken dar. Sehr angesehen und wirksam sind auch die sogenannten **21er Sätze**, bei denen der Trainierende Teilwiederholungen ausführt. 21er Sätze eigenen sich für all die Übungen, bei denen ein Mittelpunkt überwunden werden muss. Beispielhaft dafür sind Langhantelcurls für den Bizeps. Bei 21er Sätzen führen Sie zuerst sieben Wiederholungen aus, deren Bewegungsradius von 0 bis 90 Grad reicht. Im Anschluss verrichten Sie sieben Wiederholungen in einem Radius von 90 bis 180 Grad und zuletzt sieben Wiederholungen mit vollem Bewegungsumfang. Bei der **Superslow** Methode praktizieren Sie die Bewegungsausführung sehr langsam.

WARM-UP & STRETCHING

Aufwärmen und Dehnen sind wichtige Bestandteile des Trainingsplans und sollten demnach nicht vernachlässigt werden. Der Zweck des **Aufwärmens** ist es, das Herz-Kreislauf-System in Gang zu setzen und den Körper leistungsfähiger zu machen. Der Körper bereitet sich auf die folgende Belastung in den Arbeitssätzen vor, wodurch man in einem idealen körperlichen Zustand ins Training gehen kann. Durch das Warm-Up pumpen Sie mehr Blut in Ihre Muskeln und wärmen diese auf. Aufgewärmte Muskulatur ist nicht nur weniger anfällig für Verletzungen an Muskeln, Gelenken und Sehnen, sondern macht Ihren

Körper außerdem belastbarer, da kaltes Muskelgewebe schwächer als warmes ist.

Das Aufwärmen lässt sich in zwei Teile unter-
gliedern. Der erste Teil ist das allgemeine bzw. un-
spezifische Aufwärmen und der zweite Teil das spezifische Aufwärmen. Beide Varianten werden mit
niedriger Intensität durchgeführt.

Allgemeines Aufwärmen zielt darauf ab, den
Körper generell warm zu machen. Als Richtwert
hierbei gilt, dass Ihr Körper warm ist, sobald Sie
schwitzen. Dafür benötigen die meisten Menschen
im Durchschnitt 5 - 7 Minuten. Falls Sie zur Alters-
gruppe 40 aufwärts gehören sollten, planen Sie
gerne 5 Minuten mehr ein. Für das allgemeine Aufwärmen empfiehlt sich lockeres Fahrradfahren oder
entspanntes Warmlaufen.

Beim **spezifischen Aufwärmen** hingegen bereiten Sie die Muskeln, die Sie im folgenden Training
Reizen aussetzen werden, auf die kommende Belastung vor. Sie können sich entweder mit dem eigenen
Körpergewicht oder aber auch mit Gewichten spezifisch aufwärmen. Steht bei Ihnen beispielsweise
Bankdrücken auf dem Trainingsplan, können Sie
sich zuvor mit Liegestützen spezifisch warm

machen. Auf der anderen Seite ist es möglich, einen leichten Aufwärmsatz vor der ersten Übung zu machen. Das bedeutet, dass Sie einen oder zwei Sätze mit weniger Gewicht vor dem eigentlichen Arbeitssatz verrichten. Durch spezifisches Aufwärmen verbessern Sie Ihre intramuskuläre Koordination. Dadurch aktivieren Sie mehr Fasern in Ihrer Muskulatur, wodurch Sie in der Lage sind, mehr Gewicht zu bewegen.

Das Warm-Up sollte immer individuell auf Sie und Ihren Trainingsplan zugeschnitten sein. Bereiten Sie Ihren Körper auf die kommende Belastung vor, ganz gleich ob nur allgemein oder spezifisch. Besonders im Kraftsport ist ein adäquates Aufwärmprogramm essenziell, da sich das Verletzungsrisiko bei steigendem Gewicht vergrößert. Beim Aufwärmen sollten Sie unbedingt vermeiden, bis zum Muskelversagen zu trainieren. Überfordern Sie sich niemals bereits beim Warm-Up und vermeiden Sie zudem das lange Verweilen in statischen Positionen. Nehmen Sie sich die Zeit am Anfang des Trainings und machen Sie sich richtig warm. Dadurch vermeiden Sie eventuelle Zwangspausen aufgrund von Verletzungen. Je besser Sie sich aufwärmen, desto leistungsfähiger ist Ihr Körper!

Dehnen wirkt sich positiv auf die muskuläre Gesundheit und Durchblutung sowie auf die Mobilität des Körpers aus. Die Flexibilität von Muskeln und Gelenken ist essenziell, damit der Bewegungsapparat des Körpers problemlos funktionieren kann. Außerdem minimieren Sie durch ausreichendes Dehnen die Verletzungsgefahr, unterstützen Ihre Regeneration im Training und tragen zur Verbesserung Ihrer Beweglichkeit bei. Hängen Sie das Dehnen ans Ende Ihrer Krafteinheit. Dehnen Sie Ihre Zielmuskulatur vor dem Krafttraining, kann dies zu einer Verringerung der Leistungsfähigkeit führen. Studien zufolge soll jedoch das Dehnen der gegenüberliegenden Muskulatur (Antagonist) der Zielmuskulatur zu einer Leistungssteigerung führen. Die Entstehung von Muskelkater verhindert das Dehnen allerdings nicht.

Ernährung

KALORIENZUFUHR & MAKRONÄHRSTOFFE

Jeder Mensch, ganz gleich ob Sportler oder nicht, sollte sich gesund und ausgewogen ernähren. Der entscheidende Faktor bei der Veränderung unseres Körpers ist die **Kalorienbilanz**. Wir bauen Muskeln auf, indem unser Körper mehr Energie bzw. Kalorien aufnimmt, als er verbrennt. Im Gegensatz dazu bauen wir Fett ab, indem wir mehr Energie verbrennen, als wir aufnehmen.

Kalorien setzen sich aus den drei **Makronährstoffen Fetten**, **Kohlenhydraten** und **Eiweiß** zusammen. Durch die Aufnahme dieser Makronährstoffe führen wir dem Körper Energie zu. Fette liefern dabei rund 9 kcal pro Gramm und

Kohlenhydrate sowie Eiweiß (Protein) jeweils 4 kcal pro Gramm.

Fette sind Energielieferanten und arbeiten als mechanischer Schutz für unsere Organe. Auch Kohlenhydrate liefern Energie in Form von Glykogen. Proteine sind essenziell, um Muskeln aufzubauen und zu erhalten. Verschiedenen Quellen zufolge gelten 1,5 g - 2 g Protein pro Kilogramm Körpergewicht als Richtwert für die Aufnahme von Protein bei Sportlern. Zudem ist Eiweiß der Nährstoff, der am besten sättigt. Sie sollten immer sichergehen, dass Sie hochwertige Proteinquellen, also Lebensmittel welche, gemessen an ihrem Energiegehalt, einen hohen Proteingehalt haben, in Ihre Ernährung einbeziehen. Sehr gute Proteinquellen sind unter anderem: Fleisch, Fisch, Milchprodukte, Eier, Soja, Whey, Nüsse, Linsen, Bohnen, Tofu oder Chia-Samen.

Je nach Zielsetzung sollten Sie Ihre Makronährstoffverteilung individuell anpassen. Wichtig dabei ist, dass Sie sich bewusst sind, ob Sie abnehmen möchten, Muskeln aufbauen wollen oder ob es Ihr Ziel ist, Ihr Gewicht zu halten. Führen Sie Ihrem Körper nicht ausreichend Energie (Kalorien) zu, geht Ihr Körper an die Fettdepots und schaltet in den

Überlebensmodus. Er baut alles ab, was seinem Empfinden nach überflüssig Energie verbraucht. Dazu zählt auch die Muskulatur. Deshalb werden Sie auch immer, wenn Sie sich in einem Kaloriendefizit befinden und eine Diät machen, etwas an Muskelmasse verlieren.

Um erfolgreich Muskeln aufzubauen, müssen Sie demnach in einem Kalorienüberschuss essen. Die Summe der an einem Tag aufgenommenen Kalorien muss also höher sein als Ihr **Gesamtumsatz**. Der Gesamtumsatz setzt sich aus dem **Grundumsatz** und dem **Leistungsumsatz** zusammen. Dabei ist der Grundumsatz die Anzahl an Kalorien, die Ihr Körper an einem Tag in Ruhe und für die grundlegenden Funktionen Ihres Körpers benötigt. Der Leistungsumsatz ist die Anzahl an Kalorien, die Sie bei körperlichen Aktivitäten jeder Art verbrennen. Sie sollten also zusätzlich zu Ihrem Gesamtumsatz weitere Kalorien an einem Tag aufnehmen.

Um Ihren Grundumsatz zu ermitteln, gibt es verschiedene Berechnungsmethoden. Voraussetzung hierbei ist, dass Sie keine speziellen Medikamente einnehmen und an keiner Stoffwechselerkrankung leiden. Makronährstoff-Rechner sind sehr leicht im

Internet zu finden. Dabei geben Sie einfach nur Ihr Geschlecht, Ihr Alter, Ihr Gewicht, Ihre Größe und einige weitere Daten ein. Angemerkt sei an dieser Stelle, dass die Makronährstoffe individuell angepasst sein müssen, da jeder Mensch anders ist. Gerade während eines Kaloriendefizits sprechen einige Menschen besser auf eine bestimmte Ernährungsweise an als andere. So kann für den einen eine Low-Carb Ernährung, eine verminderte Zufuhr von Kohlenhydraten, funktionieren, während ein anderer besser auf eine Low-Fat Ernährung, eine Fettzufuhrreduktion, reagiert. Im Anschluss ermittelt der Rechner Ihren Grundumsatz. Da der Grundumsatz jedoch nur die Energie berücksichtigt, welche Ihr Körper allein zur Aufrechterhaltung der Funktionen benötigt, müssen Sie im Zusatz selbstverständlich noch Ihren Leistungsumsatz berechnen. Dieser Wert ist schwerer zu ermitteln und immer etwas ungenau. Es gibt jedoch sehr gute Formeln, um den Leistungsumsatz zu ermitteln. Dabei sind die sogenannten PAL-Faktoren wichtig. PAL bedeutet Physical Activity Level und entspricht dem Aktivitätsgrad in der Kalorienrechnung. Nachfolgend finden Sie eine grobe Einteilung der PAL-Faktoren.

Sind Sie eher inaktiv, bewegen sich kaum und sind Sie vielleicht sogar eingeschränkt, dann beträgt Ihr PAL-Faktor 1.2. Erledigen Sie tagtäglich typische Schreibtischarbeiten und sitzen meist, dann ist Ihr PAL-Faktor 1.4. Bewegen Sie sich im Alltag etwas häufiger und müssen Sie eventuell sogar viel stehen, misst Ihr PAL-Faktor 1.6. Üben Sie einen körperlich mühsamen Beruf aus und sind sehr aktiv, zählt Ihr PAL-Faktor 2.

Nun können Sie, mittels Ihres Grundumsatzes und Ihres PAL-Faktors, Ihren Leistungsumsatz errechnen. Der Leistungsumsatz ist das Produkt aus Grundumsatz und PAL-Faktor minus 1. Das bedeutet: (PAL-Faktor – 1) x Grundumsatz = Leistungsumsatz.

Nehmen wir an, dass Ihr Grundumsatz 2.000 kcal beträgt und dass Sie im Alltag viel stehen und sitzen (PAL-Faktor 1.6). Das würde bedeuten, dass Ihre Berechnung wie folgt aussieht:

Leistungsumsatz = (1.6 – 1) x 2.000 kcal = 0.6 x 2.000 kcal = 1.200 kcal.

Das bedeutet, dass Sie zusätzlich zu Ihrem Grundumsatz einen täglichen Energiebedarf von 1.200 kcal haben. Ihr **Gesamtkalorienbedarf** ist nun die Summe aus Grundumsatz und Leistungsumsatz. Vereinfacht man die Formel, kann man den Kalorienbedarf bereits errechnen, wenn man Grundumsatz und Leistungsumsatz miteinander multipliziert. Um das hier aufgeführte Beispiel zu Ende zu rechnen, sehen wir, dass sich ein Kalorienbedarf von 3.200 kcal ergibt (1.6 x 2.000 kcal = 3.2000 kcal pro Tag).

Ihren Kalorienbedarf können Sie aber auch ganz bequem komplett im Internet berechnen. Es gibt diverse Kalorienrechner im Netz. Es empfiehlt sich jedoch, immer mehrere zu nutzen, da diese nicht immer korrekt und genau sind. Die Werte sind das Ergebnis einer mathematischen Berechnung und nicht individuell auf Sie abgepasst. Deshalb gilt auch hier: Bitte hören Sie auf Ihren Körper!

WASSERAUFNAHME

Keinesfalls sollten Sie Ihre tägliche Aufnahme von Wasser unterschätzen. Wasser wird von jedem Menschen benötigt, um gesundheitsrelevante Bedürfnisse abzudecken und um zu überleben. Zudem beeinflusst Wasser die körperliche Leistung, reguliert die Körpertemperatur und hat einen entscheidenden Anteil an der Qualität der Muskelzellen. Wissenschaftler haben herausgefunden, dass der Mensch bei normaler Aktivität allein durch das Schwitzen rund einen halben Liter Wasser über die Haut verliert. Dazu kommen noch Ausscheidungen, Atmung und Verdauung. Durch simple und praktische Tipps können Sie ganz einfach Ihre Wasseraufnahme steigern. Zum einen könnten Sie stillem Wasser einen leckeren Geschmack zufügen. Dies erreichen Sie ganz simpel durch die Zugabe von frischer Zitrone oder frischer Orange. Auf der anderen Seite sind wasserhaltige Speisen wie Wassermelone und Gurke sinnvoll.

Aber wie viel Wasser sollten Sie täglich aufnehmen? Die Meinungen der Experten gehen hierbei auseinander. Erwachsenen wird jedoch geraten, mindestens zwei Liter Wasser pro Tag zu trinken. Bei starker körperlicher Aktivität muss die Wasseraufnahme selbstverständlich deutlich höher sein. Einen guten Richtwert gibt Ihnen dabei immer Ihr eigener Urin. Je heller und transparenter Ihr Urin ist, je mehr Wasser haben Sie getrunken. Falls Ihr Urin also gelber und dunkler sein sollte, bedeutet das, dass Ihr Körper dringend Wasser benötigt.

VITAMINE & MINERALSTOFFE

Vitamine und Mineralstoffe sind fundamental zum Überleben, denn ohne sie können Stoffwechselprozesse nicht oder nur unvollkommen ablaufen. Durch eine optimale Versorgung von Vitaminen und Mineralstoffen können auch die Stoffwechselvorgänge ideal vonstattengehen, die für Ihr momentanes Ziel wichtig sind. Fehlt bereits ein wesentlicher Nährstoff, kann das zu Infekten, Heißhungerattacken oder einer Unterbrechung der Fettverbrennung führen.

Doch was sind **Vitamine** eigentlich? Ein Vitamin ist ein organisches Molekül. Ihr Stoffwechsel benötigt es, um gewisse Reaktionen im Körper hervorzurufen. Der Begriff Vitamin hat seinen Ursprung im Lateinischen ("Vita") und bedeutet Leben. Vitamine sind an nahezu allen Abläufen im Körper beteiligt und müssen über die Nahrung aufgenommen werden, da der Körper diese nicht selbst oder nur ungenügend produzieren kann. Jedes Vitamin ist ein Teil einer Kette und jedes hat seine eigene Aufgabe. Fehlt eines dieser Teile, kann dies zu gravierenden Störungen im Stoffwechselablauf führen. Insgesamt gibt es 13 Vitamine, welche sich in zwei Gruppen unterteilen lassen. Zu den **fettlöslichen Vitaminen** zählen die Vitamine A, D, E und K. Diese werden vom Körper zusammen mit Fetten absorbiert, weshalb sie sehr gut gleichzeitig mit fettiger Nahrung aufgenommen werden können. Außerdem kann der Körper diese über einen längeren Zeitraum hinweg einlagern. **Wasserlösliche Vitamine** müssen regelmäßig zugeführt werden. Sie gelangen über den Darm ins Blut. Im Gegensatz zu fettlöslichen Vitaminen scheidet der Körper wasserlösliche Vitamine aus, da ein Überschuss nicht möglich ist. Zu ihnen zähle alle Vitamine des B-Komplexes (B1, B2, B3, B5, B6, B7, B9 und B12) und das Vitamin C.

Mineralstoffe, auch Mineralien genannt, sind essenzielle anorganische Nährstoffe. Sie müssen über die Nahrung aufgenommen werden, da der Körper sie nicht selbst herstellen kann. Mineralstoffe unterteilen sich in Mengen- und Spurenelemente. Mengenelemente sind beispielsweise Magnesium, Kalium und Natrium und kommen in einer größeren Konzentration im Körper vor. Zu den Spurenelementen zählen beispielsweise Zink, Eisen und Kupfer. Sie liegen in äußerst geringer Konzentration im Körper vor. Mineralien üben zahlreiche

Funktionen im Körper aus. Unter anderem halten sie den Wasserhaushalt aufrecht, bauen verschiedene Stoffe auf, dienen der Regulation des Säure-Basen-Haushalts und sind Bestandteile von Körperstrukturen.

Dadurch, dass Vitamine und Mineralstoffe an sämtlichen Stoffwechselabläufen beteiligt sind, sind sie essenziell für das Überleben. Um Stoffwechselstörungen zu vermeiden, müssen Sie unbedingt darauf achten, dass Ihre Mikronährstofftanks aufgefüllt sind. Leider sind Mikronährstoffmängel sehr häufig. Zudem ist die Mehrheit der Lebensmittel in Supermärkten industriell verarbeitet. Das bedeutet, dass sie nur wenig Nährstoffe enthalten. Im Durchschnitt enthalten sie nur noch 20 - 40 % der Mikronährstoffe. Untersuchungen zeigen, dass der heutige Mensch im Vergleich zu einem Menschen aus der Steinzeit nur noch ein Drittel an Vitaminen, ein Zehntel an Ballaststoffen und ein Viertel an Zink aufnimmt. Im Gegensatz dazu nimmt der heutige Mensch jedoch nur noch halb so viel Eiweiß, über vier Mal so viel Salz und doppelt so viel Fett zu sich. Forschungen haben ergeben, dass natürliche Lebensmittel heutzutage bis zu 70 % weniger Vitamine und Mineralstoffe enthalten als vor 100 Jahren.

Die richtige Ernährung muss also nicht nur den Fokus auf die Makronährstoffe legen, sondern unbedingt auch auf die **Mikronährstoffe**. Stellen Sie sicher, dass Sie sich ausgewogen ernähren. Vermeiden Sie Nahrungsergänzungsmittel und industriell produzierte Fertigware. Setzen Sie auf unverarbeitete und natürliche Lebensmittel. Ausgewählte Supplements helfen Ihnen dabei, mehr Nährstoffe zu sich zu nehmen und einem Mangel an Vitaminen und Mineralien entgegenzuwirken.

SUPPLEMENTIERUNG

Basis für ein gesundes, glückliches und leistungsfähiges Leben ist eine abwechslungsreiche und ausgewogene Ernährung mit ausreichend Vitaminen und Ballaststoffen. Viele Sportler setzen daneben jedoch auch auf die Einnahme von verschiedenen Supplements, um ihre Performance zu steigern, leistungsfähiger zu werden oder einfach um wichtige Nährstoffe zu sich zu nehmen. Supplements sollten jedoch niemals als Nahrungsersatz angesehen werden, sondern stets als Ergänzung zu einer ausgewogenen Ernährung eingenommen werden. Im

Folgenden finden Sie eine sinnvolle Auswahl an Supplementen.

Kreatin ist ein Stoff, der mitunter zur Energieversorgung der Muskeln beiträgt. Er ist einer der am häufigsten und am fundiertesten geprüften Nahrungsergänzungsmittel. Zahlreiche Studien belegen, dass eine ausreichende Supplementierung von Kreatin zu einer Leistungssteigerung und zu Muskelwachstum führt. Die Einnahme von Kreatin ist neben der Einnahme von Protein die beliebteste Supplementierung, da es den Muskeln Energie liefert. Zudem kann Kreatin bei neuromuskulären Erkrankungen helfen. Die empfohlene Verzehrmenge ist 5 g pro Tag.

BCAAs, brainched-chain amino acids, setzen sich aus den drei essenziellen Aminosäuren Leucin, Isoleucin und Valin zusammen. Essenzielle Aminosäuren kann der Körper nicht selbst herstellen. Deshalb müssen sie über die Nahrung aufgenommen werden. Sportwissenschaftlicher untersuchen die Wirkung von BCAAs schon seit den frühen 80er-Jahren. Sie können von Sportlern aller Sportarten zur Ergänzung eingenommen werden. Erfahrene Sportler supplementieren BCAAs bevorzugt während der

Diät, um einem möglichen Muskelverlust entgegen-zuwirken.

Das beliebteste Nahrungsergänzungsmittel (ne-ben Kreatin) ist das **Proteinpulver**. Protein ist nicht nur unverzichtbar für den Muskelaufbau, sondern fördert zudem die Regeneration der Muskeln. Es gibt viele verschiedene Varianten des Proteinpulvers: Whey, Casein, Mehrkomponentenprotein und die pflanzlichen Proteinlieferanten. **Whey** Protein wird aus Frischmilch gewonnen und setzt sich hauptsäch-lich aus kurzzeitigen Aminosäuren zusammen. Das bedeutet, dass der Körper Whey Protein besonders schnell und leicht verdauen kann, weshalb die Auf-nahme von Whey insbesondere direkt nach einem intensiven Training sinnvoll ist, um so die Muskeln schnell mit ausreichend Protein zu versorgen. **Ca-sein** hingegen ist das Gegenteil von Whey, da es ein eher langkettiges Protein ist. Aus diesem Grund bie-tet sich Casein vor allem vor dem Schlafengehen an, da es den Körper über die Nacht mit ausreichend Ei-weiß versorgt. **Mehrkomponentenproteine** kom-binieren, wie der Name bereits andeutet, verschie-dene Proteinquellen miteinander. Dadurch bietet das Mehrkomponentenprotein sowohl eine schnelle als auch eine mittel- sowie langfristige Versorgung der Muskeln mit Proteinen. **Pflanzliche** Proteinlieferanten sind besonders bei Sportlern mit Unverträglichkeiten oder besonderen Ernährungsweisen, wie Vegetarismus oder Veganismus, beliebt.

Zink besitzt viele wichtige Funktionen, da es ein lebensnotwendiger Mineralstoff ist. Zink ist nicht nur essenziell für die sportliche Leistung, sondern auch unabdingbar für die Gesundheit. Die Beteiligung von Zink am Hormonstoffwechsel und der Schutz des Immunsystems sind nur zwei von vielen Vorteilen, welche für die Einnahme von Zink spricht.

Als relevanter Bestandteil von Nerven, Muskeln und Knochen verringert **Magnesium** die Müdigkeit, trägt zur normalen Funktion des Nervensystems bei und sorgt dafür, dass das Gehirn Leistung erbringen kann.

Sinnvoll kann auch die Einnahme von **Vitamin D3** sein. Es sorgt dafür, dass Kalzium und Phosphate im Darm richtig aufgenommen werden. Außerdem stärkt es die Knochen und hilft dem Immunsystem Abwehrzellen zu entwickeln. Vitamin D3 ist eine Form des Vitamin D und kann über die Sonne aufgenommen werden. Vitamin D3 sollte jedoch stets in

Kombination mit K2 aufgenommen werden, da sie synergistisch sind. Vitamin D3 erhöht die Kalziumkonzentration im Blut. K2 wird benötigt, damit der Körper dieses Kalzium verwerten kann und so gefährliche Verkalkungen in Organen und Gefäßen verhindert werden können.

Omega 3 Fettsäuren sind lebensnotwendige Fettsäuren, welche die Gehirnfunktion steigern, den Muskelaufbau fördern, den Blutdruck mindern und entzündungshemmend wirken.

Zusammenfassend soll nochmals betont werden, dass Supplements unter keinen Umständen einen Ersatz für eine nährstoffreiche und ausgewogene Ernährung darstellen sollen. Stattdessen können sie sinnvoll zum Ausgleich von Mängeln oder als Hilfe für die tägliche Proteinaufnahme eingenommen werden.

Neue Lieblingsübungen

KNIEBEUGE

D ie Kniebeuge ist neben dem Kreuzheben, dem Bankdrücken, dem Schulterdrücken und der Klimmzüge eine Grundübung im Kraftsport. Sie beansprucht die Beine, den Po, den Rücken und den Bauch. Somit lässt sich die Kniebeuge den Ganzkörperübungen zuordnen. Aufgrund der Beteiligung vieler Muskeln ist die Kniebeuge eine komplexe und herausfordernde Übung.

Bei der Ausführung ist es wichtig, die Bauchmuskulatur anzuspannen, um so einem Hohlkreuz entgegenzuwirken. Am besten stellen Sie Ihre Füße zu Beginn schulterbreit auf. Sie können jedoch Ihre

Füße auch breiter aufstellen. Die Knie sind leicht nach außen rotiert, die Schulterblätter werden nach hinten gezogen, die Brust wird rausgestreckt und der Bauch angespannt. Vor Übungsausführung atmen Sie ein. Anschließend gehen Sie kontrolliert in die Beuge, indem Sie Ihre Hüfte und Ihr Gesäß bedacht nach hinten und unten schieben. Ihr Gewicht bzw. die Belastung liegt auf den Füßen. Um jedoch den Po etwas mehr anzusteuern, ist es ratsam, die Belastung mehr in die Hacken zu verlagern. Der Kopf bleibt neutral und bildet eine Linie mit der Wirbelsäule. Anschließend richten Sie sich wieder auf und atmen dabei aus.

Um die Kniebeuge zu erschweren, können Sie alternativ Gewichte oder Widerstandsbänder benutzen und diese oberhalb von Ihren Knien befestigen. Beliebte Varianten der Kniebeuge sind die Frontkniebeuge, die einbeinige Kniebeuge oder die Sumo Kniebeuge. Zuletzt ist noch anzumerken, dass die Aussage, dass die Knie die Fußspitzen nicht überschreiten dürfen, falsch ist, da jeder Mensch eine andere körperliche Komposition hat.

LIEGESTÜTZE

Der Liegestütz gehört zu den beliebtesten Übungen, die mit dem eigenen Körpergewicht ausgeführt werden. Er beansprucht die Brust, den Trizeps, die Schultern sowie die Rumpfmuskulatur. Zur Ausführung der Übung benötigen Sie keinerlei Equipment. Nichtsdestotrotz ist der Liegestütz eine sehr effektive Übung.

Anfangs begeben Sie sich zunächst auf die Knie und platzieren Ihre Hände etwas weiter als schulterbreit neben dem Brustkorb. Die Schultern sind zurückgezogen und der Blick geht Richtung Boden. Strecken Sie Ihre Beine nach hinten und stellen Sie Ihre Füße auf, sodass Ihre Zehen und Fußballen den Boden berühren. Bevor Sie die Übung ausführen, atmen Sie ein. Spannen Sie Ihren Po, Bauch und Rücken an und drücken Sie sich mit den Armen vom Boden weg und atmen Sie aus. Ihr Körper bleibt bei der Ausführung unter Spannung und bildet so eine Linie. Anschließend gehen Sie wieder runter, indem Sie Ihre Ellenbogen beugen und Ihren Körper kontrolliert in Richtung Boden absenken. Dabei atmen Sie aus.

Um die Übung vereinfacht durchzuführen,

können Sie sich alternativ auch mit Ihren Knien auf dem Boden abstützen oder sich aus einer steilen Position kontinuierlich nach unten arbeiten, bis Sie die Waagerechte erreicht haben.

Falls Ihnen Ihr eigenes Körpergewicht irgendwann nicht mehr ausreichen sollte, können Sie sich beispielsweise einen schweren Rucksack auf den Rücken ziehen und so mehr Gewicht bewegen oder Sie erhöhen Ihre Füße während der Übung, wodurch Arme und Brust mehr Gewicht bewegen müssen. Wichtig bei der Durchführung von Liegestützen ist außerdem die Körperspannung sowie eine kontrollierte Auf- und Abwärtsbewegung. Zudem sollten Sie den gesamten Bewegungsumfang, die Range of Motion, nutzen. Zusätzlich könnten Sie die Liegestütze auf den Fäusten ausführen, um dadurch die Handgelenke gerade zu halten. Ferner können Sie unterschiedliche Varianten von Liegestützen, wie breite oder enge, Liegestütze mit erhöhten Füßen, tiefe oder beispielsweise einarmige Liegestütze, ausführen.

KLIMMZÜGE

Klimmzüge sind eine der beliebtesten und effektivsten Übungen, da sie einfach durchzuführen sind und kein zusätzliches Equipment benötigt wird. Ob Klimmzugstange, Türrahmen oder Stahlträger – Klimmzüge sind fast überall ausführbar.

Der Fokus liegt je nach Griff auf unterschiedlichen Muskelpartien. Klimmzüge treffen in ihrer Ausführung besonders den Latissimus Dorsi. Zusätzlich trainieren sie den kleinen und den großen Rautenmuskel, den großen Rundmuskel, die unteren Fasern des Kapuzenmuskels sowie den Bizeps, den Armbeuger und den Oberarmspeichenmuskel.

Die drei beliebten Varianten der Klimmzüge sind die breiten Klimmzüge im Obergriff, die engen Klimmzüge im Untergriff und die Klimmzüge mit normalem Griff. Je nach Art des Griffes werden folglich unterschiedliche Muskeln stärker oder weniger stark angesprochen. Die Art des Griffes hat jedoch keinen Einfluss auf die Ausführung der Übung, da diese meist relativ identisch ist. Hängen Sie sich mit nicht vollkommen durchgestreckten Armen an die Stange und ziehen Sie sich, währenddessen Sie ausatmen, langsam hoch. Beim Absenken atmen Sie ein.

AUSFALLSCHRITTE

Ausfallschritte beanspruchen den Po, den Oberschenkelmuskel (Quadrizeps) und den Beinbizeps (Oberschenkelrückseite). Man kann sie perfekt ohne Geräte oder zusätzliche Gewichte ausführen, da allein das eigene Körpergewicht als Trainingsgewicht dient. Zusätzlich fördern Ausfallschritte das Koordinationsvermögen und den Kraftaufbau.

Für die Ausgangsposition begeben Sie sich in einen aufrechten Stand. Die Schultern sind nach hinten gezogen, wodurch Sie Spannung im Rumpf aufbauen und die Brust aktiv rausgedrückt wird. Der Bauch ist angespannt und der Blick geradeaus gerichtet. Nun gehen Sie einen großen Schritt nach vorne und beugen Ihr Knie in Richtung der Fußspitzen nach unten und nach vorne. Ihr hinteres Bein senkt sich so weit nach unten ab, dass das Knie fast den Boden berührt. Achten Sie darauf, sich dabei nicht auf Ihrem hinteren Knie abzustützen und Ihren Oberkörper möglichst aufrecht zu halten. Sowohl die Beugung als auch die Streckung erfolgt demnach über das vordere Bein. Die Belastung sollte ebenfalls im vorderen Bein liegen.

Ausfallschritte lassen sich in mehreren Varianten ausführen. Anfangs können Sie, um sich an die neue Übung zu gewöhnen, Ihr hinteres Bein bei der Streckung neben dem vorderen Fuß absetzen und anschließend die Übung wiederholt ausführen. Ob Sie dabei erst wiederholt das eine Bein und anschließend das andere Bein trainieren oder ob Sie das Bein nach jedem Durchgang wechseln, ist Ihnen überlassen. Des Weiteren können Sie die Übung laufend ausführen. Falls Sie Probleme haben sollten, bei den Ausfallschritten geradeaus zu laufen, dann ist es hilfreich, die Schritte in einer Zick-Zack-Linie bzw. diagonal auszuführen, umso mehr Stabilität zu erlangen. Weitere Variationen der Ausfallschritte sind stehend mit der Ablage Ihres Fußes auf einer Bank, der Couch oder einem Stuhl. Diese Variante nennt man Bulgarian Split Squat. Außerdem können Sie die Übung stehend mit erhöhter vorderer Fußposition, gekreuzt nach hinten oder einfach rückwärts ausführen. Zuletzt können Sie die Übung auch immer mit Gewichten, mit Kurzhanteln oder mit Wasserflaschen in der Hand, erschweren.

Anzumerken ist, dass die Weite Ihres Schrittes entscheidend für die Zielmuskulatur ist. Je weiter Ihr Ausfallschritt ist, desto stärker beanspruchen Sie

Ihren Gesäßmuskel und den Beinbizeps. Je enger Ihr Ausfallschritt ist, desto stärker liegt der Fokus auf Ihrem Oberschenkelmuskel.

DIPS

Bei den Arnold-Dips, benannt nach Arnold Schwarzenegger, werden vor allem der untere Teil des großen Brustmuskels, der Trizeps und der vordere Teil der Schulter beansprucht. Zur Ausführung der Übung benötigen Sie lediglich eine Bank, die Couch oder beispielsweise einen Stuhl, um sich abzustützen. Setzen Sie sich auf die Bank und platzieren Ihre Hände jeweils neben Ihrem Gesäß. Umgreifen Sie den Rand der Bank. Anschließend drücken Sie sich mit fast durchgestreckten Armen nach vorne vor den Rand der Bank. Ihre Bauchmuskeln sind angespannt, der untere Rücken ist gerade und der Oberkörper aufrecht. Atmen Sie ein und senken Sie Ihren Po bis kurz vor den Boden. Bei der Abwärtsbewegung beugen Sie kontrolliert Ihre Ellenbogen, bis die Unterarme und Oberarme etwa einen 90 Grad Winkel ergeben. Anschließend atmen Sie aus und drücken sich gleichzeitig mit dem Oberkörper wieder nach oben. Dabei ist zu beachten, dass Sie am

Bewegungsende niemals Ihre Arme komplett durchstrecken, sondern dass diese immer leicht gebeugt sind.

Je nach Fitnesslevel gibt es drei Möglichkeiten, Dips auszuführen und deren Intensität beliebig zu variieren. Für eine leichte Ausführung beugen Sie Ihre Beine und platzieren die Füße mit den Fußsohlen auf dem Boden. Für eine mittelschwere Ausführung bleiben Ihre Beine in einem beinahe durchgestreckten Zustand. Die Füße werden auch hierbei mit den Fußsohlen auf dem Boden platziert. Für eine schwere Ausführung strecken Sie die Beine komplett durch und bringen Ihre Füße nur mit den Fersen auf den Boden.

Richten Sie Ihre Ellenbogen bei der Ausführung nach außen, trainieren Sie verstärkt die untere Brust, wobei Sie eher den Trizeps beanspruchen, sobald Sie Ihre Ellenbogen eng am Körper entlangführen.

SEITHEBEN

Das Seitheben ist eine häufig ausgeführte Übung für die Schultern. Sie benötigen zur Ausführung zwei Kurzhanteln. Wenn Ihnen keine Kurzhanteln zur Verfügung stehen, können Sie diese einfach durch zwei Wasserflaschen ersetzen. Mit dem Seitheben trainieren Sie alle drei Teile des Schultermuskels, wobei jedoch besonders der mittlere Teil sowie die oberen Fasern des Kapuzenmuskels beansprucht werden.

Stellen Sie sich etwa hüftbreit auf. Ihr Rücken ist gerade und durchgestreckt und Ihr Blick geht geradeaus. In jeder Hand halten Sie seitlich neben Ihren Oberschenkeln ein Gewicht im neutralen Griff. Das bedeutet, dass Ihre Handflächen nach innen gedreht sind und die Daumen nach oben zeigen. Atmen Sie ein. Anschließend heben Sie, mit leicht gebeugten Ellenbogen, die Gewichte kontrolliert an, bis sich Ihre Arme in der Horizontale befinden. Wichtig dabei ist, dass die Ellenbogen den höchsten Punkt der Bewegung markieren. Stellen Sie sich also vor, Sie hätten eine Schnur um Ihre Ellenbogen gewickelt und jemand würde diese nach oben ziehen. Atmen Sie nun aus und bringen die Gewichte wieder seitlich entlang der Oberschenkel nach unten.

HIP THRUST

Der Hip Thrust kann mit dem eigenen Körperge-wicht, einer Langhantel, einer Kurzhantel oder mit einem Widerstandsband ausgeführt werden. Viele fortgeschrittene Sportler sind der festen Überzeu-gung, dass der Hip Thrust die beste Übung für den Po ist, die es gibt. Neben dem Gesäßmuskel aktiviert der Thrust auch die Beinrückseite, die Beinvorder-seite und die Adduktoren. Deshalb trägt die Übung zur Entwicklung der gesamten Schenkelmuskulatur und des kompletten Gesäßmuskels bei. Während der Übungsausführung befindet sich der Gesäßmuskel konstant unter Spannung und wird dabei durch den Rücken unterstützt.

Zur Durchführung der Übung benötigen Sie le-diglich eine Couch, gegen die Sie sich lehnen können. Positionieren Sie sich so, dass sich das Ende Ihrer Schulterblätter in einer Linie mit der Couchkante be-findet. Die Füße positionieren Sie so, dass Ihre Schienbeine, wenn Sie am obersten Punkt des Thrusts angekommen sind, vertikal ausgerichtet sind. Das heißt, dass der Winkel Ihres Knies etwa 90

Grad ergibt, wobei diese nach außen drücken. Ihre Zehenspitzen zeigen entweder geradeaus oder leicht nach außen. Bei der Ausführung ist es wichtig, dass die Bewegung flüssig ausgeführt wird. Atmen Sie tief ein, spannen Sie Ihren Bauchbereich an, richten Sie Ihren Blick geradeaus und drücken Sie sich über Ihre Hacken nach oben. Fokussieren Sie sich darauf, das Gewicht mit Ihrer Gesäßmuskulatur zu bewegen. Wenn Sie an der Topposition angekommen sind, spannen Sie Ihren Po stark an und drücken Sie Ihre Hüfte nach vorn. Achten Sie dabei jedoch darauf, Ihren unteren Rücken nicht zu überstrecken. Ihr Oberkörper befindet sich nun parallel zum Boden. Bringen Sie anschließend Ihre Hüften wieder nach unten und behalten Sie konstant Spannung bei.

Eine ähnliche Übung zum Hip Thrust sind die Glute Bridges. Die Ausführung von Glute Bridges ist exakt dieselbe wie beim Hip Thrust, nur dass Sie diese Übung vom Boden aus durchführen. Ihre Schulterblätter liegen hierbei also nicht auf der Couch, sondern auf dem Boden.

Um die Intensität der Hip Thrusts zu steigern, können Sie diese beispielsweise mit Gewichten, mit Widerstandsbändern oder aber auch einbeinig ausführen.

RUDERN

Das Rudern gehört zu den Grundübungen des Kraft-trainings, da es die gesamte obere Rückenmuskula-tur stärkt. Besonderer Fokus wird bei der Ausfüh-rung auf den Latissimus Dorsi, den Kapuzenmuskel und auf den hinteren Teil des Schultermuskels ge-legt.

Um die Übung auszuführen, benötigen Sie ein Gewicht. Dafür eignet sich am besten eine Langhan-tel. Die Übung kann jedoch auch problemlos mit Kurzhanteln oder einem schweren Wäschekorb durchgeführt werden, insofern keine Gewichte vor-handen sind. Stellen Sie Ihre Füße schulterbreit auf und greifen Sie das Gewicht. Die Beine sind leicht ge-beugt und den Oberkörper beugen Sie in einem 45 Grad Winkel nach vorne. Bauch und Körperrückseite sind angespannt und Ihr Rücken befindet sich leicht in einem Hohlkreuz. Ihre Brust ist nach vorne und Ihr Po nach hinten gestreckt. Während des Ausat-mens ziehen Sie das Gewicht in Richtung Ihrer unte-ren Bauchmuskeln. Anschließend führen Sie das Ge-wicht langsam in die Ausgangsposition zurück und atmen dabei aus.

CURLS

Die Curls, also das Beugen der Arme mit Kurzhanteln, sind eine populäre Übung für den langen und den kurzen Kopf des Bizepses und den Armbeuger.

Zur Durchführung der Übung benötigen Sie zwei Kurzhanteln oder alternativ zwei Wasserflaschen. Stellen Sie sich aufrecht und schulterbreit mit jeweils einer Hantel in einer Hand auf. Bringen Sie die Schultern zurück. Während Sie ausatmen, beugen Sie beide Arme bis zu Ihren Schultern nach oben. Ihre Oberarme und Ellbogen bleiben bei Übungsausführung stets an derselben Position. Nur Ihr Unterarm bewegt sich.

UNTERARMSTÜTZ

Der Unterarmstütz ist eine statische Übung, die allein mit dem eigenen Körpergewicht ausgeführt wird. Die Übung beansprucht den gesamten Körper, insbesondere aber den gesamten Bauchbereich.

Begeben Sie sich in die Bauchlage und legen Sie die Unterarme parallel zum Körper ab. Die

Ellenbogen befinden sich auf Schulterhöhe und die Füße werden etwa hüftbreit aufgestellt. Spannen Sie Ihren Bauch an. Anschließend heben Sie Ihren Körper an. Ihr Blick wandert auf den Boden vor sich. Wichtig ist die komplette Körperspannung während der gesamten Übung. Ihre Schultern und Ihre Hüfte befinden sich auf einer Höhe und Ihr Körper bildet eine Linie. Vermeiden Sie das Durchhängen und strecken Sie zudem den Po nicht zu sehr aus.

Ziel der Übung ist es, die Position so lange wie möglich mit korrekter Form zu halten.

Um die Intensität zu steigern und neue Reize zu setzen, empfiehlt es sich, vielseitige Plank-Varianten auszuführen. Der seitliche Unterarmstütz trainiert die seitliche Bauchmuskulatur. Hierbei beginnen Sie die Übung, indem Sie sich in Seitenlage auf Ihren Unterarm abstützen und Ihre Hüfte vom Boden anheben, bis sich Rumpf und Beine in einer Linie befinden. Halten Sie diese Position und wechseln Sie anschließend die Seite. Mountain Climbers sind eine dynamische Variante des klassischen Unterarmstütz und fördern zusätzlich die Ausdauer. Starten Sie hierfür aus derselben Position wie beim klassischen Unterarmstütz, nur dass Sie sich jetzt auf Ihren

Händen abstützen. Ziehen Sie im Anschluss die Beine abwechselnd an, so als würden Sie im Unterarmstütz auf der Stelle joggen. Der Unterarmstütz mit ausgestreckten Armen benötigt extra Schulterstabilität, lässt sich aber prinzipiell genau wie der klassische Unterarmstütz ausführen.

Den Schwierigkeitsgrad der Übung können Sie ganz einfach durch das längere Halten der Übung erhöhen.

DIE BESTEN ÜBUNGEN FÜR JEDEN MUSKEL

Bret Contreras, der selbsternannte „Glute Guy", ist ein US-amerikanischer Sportwissenschaftler und Doktor der Philosophie. Contreras umfangreiche Forschungen zur Muskelaktivität der Gesäßmuskulatur während verschiedener Übungen trugen maßgeblich zum veränderten Umgang von Profisportlern beim Unterkörpertraining im Kraftsport bei. Seine Erfahrung als Buchautor und Personal Trainer machen Contreras zu einem gefragten Redner bei Veranstaltungen auf der ganzen Welt. Auf Instagram folgen ihm mehr als 1 Million Menschen. Basierend auf seinen 29 Jahren Erfahrung als Sportler, 24

Jahren Erfahrung als Personal Trainer, 12 Jahren Erfahrung in der Durchführung von elektromyografischen Experimenten und umfassender Recherche, hat Bret Contreras eine Liste der besten Übungen für jede Muskelgruppe zusammengestellt. Nachfolgend erhalten Sie eine übersichtliche Aufzählung einiger dieser Übungen.

Unterkörper/Core:

- **Seitliche Bauchmuskeln:** Ausrollen mit dem „AB Roller", hängendes Beinheben, Side Crunches, seitlicher Unterarmstütz

- **Bauchmuskeln:** Ausrollen mit dem „AB Roller", hängendes Beinheben, Crunches mit einem Gymnastikball, Sit-ups mit gestreckten Beinen

- **Quadrizeps:** Kniebeuge, Beinstrecker, Beinpresse, Split Squat

- **Beinbeuger:** Kreuzheben, Beinbeuger, Hyperextensions, Good Mornings

- **Oberer Gesäßmuskel:** Hip Thrust, Hyperextensions, Glute Bridges, Abduktion sitzend

- **Mittlerer und unterer Gesäßmuskel:** Hip Thrust, Hyperextensions, Glute Bridges, Kreuzheben, Split Squat, Pull-Throughs

- **Adduktoren:** Kniebeuge, Split Squat, Adduktion sitzend
- **Waden:** Wadendrücken

Oberkörper:
- **Oberer Trapezmuskel:** Kreuzheben, Shrugs, Seitheben, aufrechtes Rudern, Schulterdrücken
- **Vorderer Schultermuskel:** Schulterdrücken, Frontheben, Schrägbankdrücken, Bankdrücken, Liegestütze, Dips
- **Seitlicher Schultermuskel:** Seitheben, aufrechtes Rudern, Schulterdrücken
- **Hinterer Schultermuskel:** Butterfly Reverse, Face Pulls
- **Bizeps:** Curls
- **Trizeps:** Trizeps Extension, Liegestütze, Dips
- **Oberer Brustmuskel:** Schrägbankdrücken, Fliegende auf der Schrägbank
- **Mittlerer und unterer Brustmuskel:** Bankdrücken, Schrägbankdrücken, Liegestütze, Dips
- **Latissimus Dorsi:** Klimmzug, Rudern, Kreuzheben
- **Vorderarme:** Kreuzheben, Klimmzüge, Latzug

Viele dieser Übungen lassen sich problemlos von zu Hause aus durchführen. Zudem sind die aufgelisteten Übungen effektiv und wichtig für einen erfolgreichen Muskelaufbau. Ferner ist die Auswahl der richtigen Übungen essenziell für einen guten Trainingsplan.

Motivationsgedanken

Aller Anfang ist schwer und der erste Schritt ist dabei sicherlich immer der härteste. Erinnern Sie sich immer daran, dass auch Mr. Olympia mal irgendwo angefangen hat. Sie brauchen nicht viel, um etwas zu verändern. Sie brauchen nur sich selbst und den Mut anzufangen. Denn man erreicht die Spitze des Berges nicht von oben, sondern indem man am Boden startet und hinaufklettert. Warum wollen Sie fit werden? Warum wollen Sie Muskeln aufbauen? Finden Sie Ihr **WARUM** und verlieren es dann nie mehr aus den Augen.

Die ersten körperlichen Veränderungen werden Ihre größte Motivation sein, um weiterzumachen.

Bis Sie sichtbare Muskelmasse aufgebaut haben, müssen Sie sich jedoch jeden Tag aufs Neue motivieren. Muskelaufbau ist ein Prozess, der nicht von jetzt auf gleich geschehen wird. Muskelaufbau braucht Zeit und der Weg dorthin wird nicht linear sein. Haben Sie Geduld. Sie werden Tiefpunkte haben und auf Plateaus stoßen, die es dann wiederum gilt zu überwinden. Sie werden nicht immer motiviert sein, aber genau in diesen Momenten müssen Sie dafür umso disziplinierter sein. Motivation bringt Sie dazu anzufangen. Gewohnheiten sind der Grund, warum Sie weitermachen. Disziplin ist die Eigenschaft, die unabdingbar ist. Trainieren Sie sich mentale Stärke an und geben Sie niemals auf! Lassen Sie sich schon gar nicht durch andere Menschen von Ihren Träumen abbringen. Schon gar nicht von den Menschen, die ihre eigenen Träume aufgegeben haben, weil sie nicht an sich selbst geglaubt haben.

Sie können alles schaffen, wenn Sie nur entschlossen genug sind. Dabei spielt unser Verstand eine ganz entscheidende Rolle. Wir werden zu dem, was wir uns vorstellen können und nichts ist unmöglich. Seien Sie sich immer bewusst, dass Fitness kein Wettbewerb ist. Andere Sportler sind nicht Ihre

Gegner. Der einzige Mensch, als der Sie besser sein sollten, ist der Mensch, der Sie gestern waren.

Alles was es benötigt, haben Sie bereits in sich. Im Endeffekt hängt alles davon ab, wie sehr Sie es wollen. Erfolg hat drei Buchstaben: T-U-N.

Lieben Sie sich, genauso wie Sie sind. Selbstliebe ist die großartigste Revolution, die es gibt und Sie selbst sind das beste Projekt, an dem Sie jemals arbeiten werden!

Jeder startet mal irgendwo, man muss nur anfangen.

Herstellung und Verlag:

BoD – Books on Demand, Norderstedt

ISBN: 9783753401249

© Markus Boll 2020

1. Auflage

Kontakt: Psiana eCom UG/ Berumer Str. 44/ 26844 Jemgum

Covergestaltung: Fenna Larsson

Coverfoto: depositphotos.com